LA LÉGENDE

DE

SAINT HONORÉ

ÉVÊQUE D'AMIENS

D'APRÈS UN MANUSCRIT DE LA BIBLIOTHÈQUE

DE

M. VICTOR DE BEAUVILLÉ

TRADUIT

PAR HECTOR JOSSE

Membre de la Société des Antiquaires de Picardie

AMIENS

Imprimerie A. DOUILLET, rue du Logis-du-Roi, 13

M DCCC LXXIX

LA LEGENDE

DE

SAINT HONORÉ

LA LÉGENDE

DE

SAINT HONORÉ

ÉVÊQUE D'AMIENS

D'APRÈS UN MANUSCRIT DE LA BIBLIOTHÈQUE

DE

M. VICTOR DE BEAUVILLÉ

TRADUIT

PAR HECTOR JOSSE

Membre de la Société des Antiquaires de Picardie

AMIENS

Imprimerie A. Douillet, rue du Logis-du-Roi, 13

M DCCC LXXIX

Sainct Honoré que l'outre passe,
Vrayement tout l'honneur de Ponthieu,
Non pource qu'il fust de la race
De leurs Comtes, mais pour la grace
Dont Dieu l'accomplit en ce lieu.

Adrian DE LA MORLIÈRE
Les Antiquitez de la Ville d'Amiens.

Saint Honoré, d'après l'ordre chronologique, le huitième des évêques d'Amiens dont l'histoire a conservé le nom et le troisième de ceux que l'Église honore d'un culte public, est de tous celui dont la mémoire est resté le plus populaire. Il naquit, dit-on, à Port, village du Ponthieu, qui fut aussi le lieu de sa mort, comme le rappellent ces deux vers de son ancien office de l'Église d'Amiens :

Quem genuit Portus, decessit ubi fuit ortus :
Is suus est hortus, suus est occasus et ortus.

La date précise de sa naissance est inconnue : son avènement à l'épiscopat doit être fixé, d'après la chronologie la plus généralement adoptée, à l'année 544. Il mourut vers la fin du VIe siècle ou au commencement du VIIe : en l'an 600, suivant l'opinion commune ; quelques années plus tôt suivant Nerlande, auteur d'une longue et diffuse *Dissertation sur le temps de la vie, de l'épiscopat et de la mort de saint Honoré*, conservée parmi les manuscrits de la Bibliothèque communale d'Amiens, sous le n° 465.

Le fait le plus célèbre de l'épiscopat de saint Honoré est l'invention des reliques des saints martyrs Fuscien, Victoric et Gentien, à Sains, en 555. Nous n'avons pas d'ailleurs à mentionner ici les détails trop peu nombreux que nous possédons sur cet épiscopat, puisque le lecteur va les trouver dans les deux Vies du Saint auxquelles ces lignes doivent servir d'introduction. Il serait même inutile de refaire un travail qui a été parfaitement fait par M. l'abbé Corblet, dans son *Hagiographie du Diocèse d'Amiens* (Tome III, p. 38-77), si la présente publication n'avait pour but de faire connaître les documents originaux de l'histoire de la vie, du culte et des reliques du saint Évêque d'Amiens et notamment une pièce inédite très-curieuse et jusqu'ici inconnue de tous nos historiens.

Ces documents font partie d'un manuscrit appartenant à la riche bibliothèque de M. Victor de Beauvillé qui les a publiés dans le Tome III de ses *Documents inédits concernant la Picardie*, p. 181-191, en les accompagnant de la note suivante :

« Manuscrit de la fin du XIVe siècle.
« in-4° vélin, réglé, grosse écriture,

« lignes longues, capitales en couleur, « rubriques, vingt-sept feuillets. Hau- « teur, 24 centim. 5 millim. Les huit « premières pages et les vingt-six der- « nières sont consacrées à l'office noté « de saint Honoré ; mais par un acte « de barbarie déplorable, pour faciliter « la lecture des paroles à des chantres « ignorants, l'écriture ancienne a été « grattée et remplacée par une écriture « moderne.

« La vie de saint Honoré commence « à la neuvième page et finit à la vingt- « septième ; elle est intacte. A la der- « nière ligne de la vingt-troisième page « se trouve la rubrique suivante : *Sermo* « *Richardi, Ambianensis episcopi, de mi-* « *raculis beati Honorati, episcopi et con-* « *fessoris, tempore electionis ejusdem* « *Richardi, fratris*, XVII° *kalendas junii* « *anno Domini Incarnati millesimo CC°* « *V°*. Le 17 des calendes de juin corres- « pond au 16 mai. Le discours de Ri- « chard de Gerberoy est imprimé dans « les Bollandistes sous la désignation

« d'*Appendix*, mais sans désignation « d'auteur. »

Les documents historiques relatifs à saint Honoré sont très-peu nombreux. La vie du saint Évêque publiée par les Bollandistes, dans le tome III des *Acta Sanctorum Maii*, p. 612-616, ne contient que quelques lignes de biographie proprement dite ; le reste concerne la gloire posthume du Saint, c'est-à-dire la translation de ses reliques et des récits de miracles opérés par son intercession. Les doctes éditeurs indiquent que leur publication est faite d'après deux manuscrits et d'anciens bréviaires d'Amiens ; en effet, la légende de la fête de saint Honoré dans tous ceux de ces bréviaires qui sont antérieurs au XVIIe siècle, est entièrement composée d'extraits de ce texte. Le manuscrit de M. de Beauvillé, à la suite de la première Vie ou Légende de saint Honoré, sur laquelle nous appellerons tout à l'heure l'attention, reproduit intégralement le texte des Bollandistes, mais avec quelques variantes qu'il serait inutile de signaler ici, parce qu'elles offrent peu d'importance. Nous noterons seulement que chaque paragraphe du récit des miracles est précédé dans le manuscrit de M. de Beauvillé d'une rubrique ou titre qui ne se trouve pas dans l'édition Bollandienne, et que la division des paragraphes n'est pas toujours la même, bien que les deux textes soient identiques pour le fond.

A la suite de cette *Vie*, sous le titre *Appendix*, vient dans les *Acta Sanctorum*, le récit de deux miracles obtenus par l'invocation de saint Honoré et quelques mots sur la fondation de l'église Saint-Honoré de Paris. Ce récit est sans nom d'auteur. Mais M. l'abbé Corblet (vol. cité, p. 76) nous apprend qu'il est l'œuvre de Richard de Gerberoy, évêque d'Amiens des premières années du XIIIe siècle, le même qui, en 1206, reçut de Walon de Sarton le Chef de saint Jean-Baptiste et qui, selon plusieurs savants, serait l'auteur de la relation de la translation de cette relique de Constantinople à Amiens.

La note que nous avons citée plus haut, a déjà appris au lecteur que notre manuscrit contient également le texte de l'*Appendix* des Bollandistes, avec un titre indiquant que ce discours a été prononcé par Richard, évêque d'Amiens, le 16 mai 1205, qui était le jour même de la fête de saint Honoré.

Si intéressants que soient les documents dont nous venons de parler, la publication de leur texte n'aurait qu'une importance secondaire, puisqu'ils ne sont pas inédits, si, en même temps, ils n'étaient intégralement traduits en français pour la première fois. En outre, ils sont précédés dans le manuscrit de M. de Beauvillé d'une autre Vie ou Légende de saint Honoré, complètement inédite et même, pensons-nous, inconnue jusqu'ici, que la présente publication a spécialement pour objet de faire connaître, et qu'après ce préambule, trop long peut-être, nous devons examiner avec quelque attention.

Nous n'avons pas besoin d'analyser cette Légende puisqu'elle se trouve à la suite de la présente étude, il faut cependant, avant d'apprécier sa valeur, que nous disions en quoi elle diffère de la Vie de saint Honoré publiée par les Bollandistes.

Elle est plus longue et plus prolixe ; mais, pour ce qui concerne l'épiscopat du Saint, elle contient peu de détails nouveaux : la différence notable qu'elle présente avec les documents déjà connus concerne la partie de la Vie de saint Honoré antérieure à son élévation au siège d'Amiens. D'après cette légende, Honoré aurait été choisi miraculeusement pour succéder à l'évêque Béat, étant encore laïque et exerçant la profession de boulanger. Si ce récit était authentique, ainsi s'expliquerait tout simplement l'origine du patronage liturgique des boulangers, décerné de temps immémorial au saint Évêque d'Amiens, et qui a surtout contribué à rendre son culte populaire dans un grand nombre de pays; origine sur laquelle les hagiographes ont beaucoup disserté et dont on trouve les diverses explications dans l'ouvrage de M. Corblet (vol. cité, p. 66 et suiv).

Pour juger la valeur du témoignage, nous avons à examiner celle du document qui nous le fournit.

A notre avis, ce document est une légende populaire du XIIIe ou du XIVe siècle, postérieure par conséquent au texte que les Bollandistes ont édité. Nous ne connaissons ni l'auteur ni l'origine de cette pièce : si l'office qui lui est joint dans le manuscrit de M. de Beauvillé était conforme à celui de l'Église d'Amiens on pourrait affirmer qu'il a une origine amiénoise, mais même sans ce détail on est en droit de le présumer. Il suffit de lire cette légende pour voir que son rédacteur a reproduit et appliqué à son héros des expressions qu'il a trouvées dans les Actes de plusieurs Saints amiénois, notamment dans ceux de saint Firmin le Confesseur et de saint Salve. Il nous paraît donc probable que ce compilateur a recueilli diverses traditions populaires relatives à saint Honoré, qu'il les a amplifiées imitant ce qu'il trouvait dans les documents qu'il avait sous la main et qu'il a ainsi rédigé une notice plus longue que celle trop sommaire à son gré, que pouvait lui fournir la liturgie amiénoise.

En effet, la légende liturgique est muette sur la naissance du Saint : il y a à ce sujet deux traditions, l'une le fait descendre des comtes de Ponthieu, ou du moins de noble famille ; l'autre le regarde au contraire comme étant d'origine plébéienne, (M. l'abbé Corblet, p. 38-39). La Morlière mentionne déjà ces deux traditions, et il est à remarquer que la seconde est rapportée dans une vie française de saint Honoré, œuvre du XVIe siècle, publiée par M. Dupré dans le tome VIII des *Bulletins de la Société des Antiquaires de Picardie*. Nous n'avons pas à nous prononcer là-dessus, mais nous ne pouvons oublier que, jusqu'au XIVe siècle, l'Église d'Amiens a possédé la terre de Port, que, selon une antique tradition, elle devait à la libéralité de saint Honoré.

D'autre part, M. Corblet cite comme apocryphe une tradition suivant laquelle saint Honoré aurait été élevé à l'épiscopat étant encore laïque.

L'auteur de notre légende n'a donc probablement pas inventé les faits qu'il rapporte, il les a trouvés dans la tradition populaire et présentés de son mieux à la gloire de son héros.

Quant à la manière miraculeuse dont le boulanger Honoré aurait été désigné au choix des évêques de la province pour monter sur le siège d'Amiens, elle ne nous paraît digne d'aucune foi. Il est impossible d'admettre que la mémoire d'un évènement aussi extraordinaire se soit perdue dans l'Église d'Amiens et qu'aucune mention n'en ait été faite dans les documents liturgiques qui ont conservé avec soin le souvenir d'autres faits de ce genre (1). Nous ne pensons donc pas que cet évènement soit l'origine du patronage liturgique des boulangers, mais au contraire que c'est le patronage même qui a donné naissance au récit, pour lequel l'auteur a visiblement imité la rédaction de celui de l'élection de saint Salve, successeur de saint Honoré, désigné, disent ses Actes, par une voix céleste au choix des évêques assemblés.

Pour le reste de son œuvre l'auteur du texte qui nous occupe n'a guères fait que paraphraser la légende liturgique, et les développements qu'il y ajoute ne

(1) Nous n'ignorons pas que d'après une tradition un peu vague puisqu'elle ne repose guères que sur une sculpture du portail latéral sud de la cathédrale d'Amiens, un miracle aurait accompagné l'élection de saint Honoré, mais il n'offre aucune analogie avec celui rapporté par notre légendaire.

sont pas toujours heureux. Ainsi, la légende liturgique désigne saint Honoré comme successeur de saint Firmin le Confesseur, ce qui est inexact, à moins qu'on ne veuille l'entendre en ce sens que saint Honoré est le premier des évêques d'Amiens qui ait été honoré du culte des Saints après le second saint Firmin. Notre légendaire, croyant mieux dire, remplace le Confesseur par le Martyr. Il connaissait cependant la vie du troisième évêque d'Amiens, car il lui fait plusieurs emprunts. Nous en citerons deux.

C'est dans les Actes de saint Firmin le Confesseur que notre auteur a vu que Gratien a donné à la ville d'Amiens le nom d'*Ambianum ;* on y lit effectivement : *Hanc* (urbem) *denique Gratianus, magni quondam Valentiniani regis filius, suo prefecit dominio, imperialem que inibi sortitus est sibi dignitatem, et nomine mutato ab ambitu fluminum Ambianum nominari illam præcepit* (Acta SS. VIIbris, tom. I, pag. 178).

Que le lecteur prenne la peine de comparer le début de la légende, pag. 33 du présent volume, avec le passage que nous venons de citer ; il verra que l'un des deux textes est évidemment la copie de l'autre.

Un des faits les plus célèbres de la vie de saint Honoré est l'apparition d'une main divine au-dessus de l'autel, pendant que le saint évêque célébrait la messe. La légende qui nous occupe le reproduit, avec cette différence qu'elle ajoute au texte de la légende liturgique ces mots, littéralement extraits des Actes de saint Firmin le Confesseur, où un miracle analogue est rapporté : *Ab omni inquinamento carnis et spiritûs postmodum mansit illæsus.* (V. p. 41. Cf. Acta SS. VIIbris, tom. I, pag. 179).

Le document le plus mis à contribution par notre auteur pour sa compilation est la vie de saint Salve, successeur de saint Honoré. On peut même dire qu'il lui a emprunté tout le cadre de son tableau : la réunion des évêques pour l'élection d'un pontife destiné à l'Église d'Amiens ; l'indiction d'un jeûne de trois jours, etc. (V. pag. 35. Cf. Acta SS. Januarii, tom. I, pag. 706) ; l'éloge qu'il fait de la beauté physique du Saint, de ses rares qualités, de ses vertus : *Erat quippe vultu decorus..... astutus ut serpens, simplex ut columba* ; l'admission de l'évêque d'Amiens dans les conseils du roi, qui gouverne par ses avis et, à son instigation, subjugue les nations barbares (V. pag. 40. Cf. Acta SS. Januarii, I, 706) ; tout cela est la reproduction presque toujours textuelle de la vie de saint Salve.

Nous ne pousserons pas plus loin ces comparaisons qui fatigueraient promptement le lecteur. Nous en avons dit assez pour faire apprécier le document qui va passer sous ses yeux. Il résulte de ces observations que ce document n'est pas une œuvre originale, et ne peut être considéré comme ayant une valeur historique pour les faits qui lui sont propres. Nous y voyons une compilation dont l'auteur, avec plus de zèle que de jugement, a voulu paraphraser la vie du saint évêque d'Amiens, à l'aide de quelques monuments hagiographiques et liturgiques, en y joingnant peut-être quelque tradition populaire ayant cours à son époque; et c'est surtout comme écho de ces traditions lointaines qu'il est curieux et intéressant à connaître.

Quelle que soit d'ailleurs l'opinion des critiques sur la légende dont on va lire le texte, nul ne méconnaîtra son intérêt. Jointe aux autres documents concernant saint Honoré qui ont échappé aux ravages du temps, elle complète la collection des monuments hagiographiques concernant le huitième évêque d'Amiens. La traduction fidèle de M. Hector Josse met désormais ces documents à la portée de tous. Dans cette traduction, notre laborieux collègue a tenu à suivre aussi exactement que possible, et nous dirions volontiers pas à pas, le texte latin, préférant ainsi la littéralité à l'élégance. Il n'a point négligé pourtant la correction du style et ceux qui prendront la peine de comparer sa version à l'original reconnaîtront avec nous qu'il a heureusement vaincu plus d'une difficulté.

Après avoir félicité le traducteur, les amis de notre histoire religieuse s'uniront à nous pour remercier l'éminent historien de Montdidier non-seulement d'avoir sauvé de l'oubli un document jusqu'ici inconnu et peut-être unique, mais aussi d'avoir libéralement permis que ce document fût présenté de nouveau au public sous une forme plus accessible au grand nombre et avec une élégance typographique qui le rendra cher aux bibliophiles autant qu'aux érudits.

Charles SALMON,

Président de la Société des Antiquaires de Picardie.

LA LÉGENDE

DE

SAINT HONORÉ

ÉVÊQUE D'AMIENS.

Ici commence la vie de saint Honoré, évêque d'Amiens.

L'empereur Gratien, fils de l'empereur Valentinien, imposa à la ville où il reçut la dignité impériale, le nom d'Amiens, à cause des fleuves qui l'environnent. Plus tard, l'empereur romain Maurice, prédécesseur du César Phocas, s'assura l'amitié de Childebert, le roi très-chrétien des Francs, pour en faire son auxiliaire dans la défense de l'empire. Aux temps prospères de ces princes, un homme très-saint succéda au bienheureux Firmin, évêque et martyr, dans le gouvernement de l'Église d'Amiens ; il s'appelait Honoré. Dès la première fleur de sa jeunesse, il s'adonna aux œuvres de piété et au métier de boulanger ou, selon l'expression vulgaire, de fournier ; dédaignant les caresses et la gloire du siècle, tout entier au culte de Dieu, aux jeûnes, aux veilles et aux aumônes, il domptait sa chair, il asservissait le corps à l'esprit. Scrupuleux observateur des devoirs divins, embrasé d'une ardente charité, il offrait à Dieu un agréable sacrifice en répandant d'abondantes largesses, autant que lui permettait sa profession de boulanger, c'est-à-dire en nourrissant et en rassasiant le prochain.

Ce métier, sanctifié par de nombreuses aumônes, plut à Dieu : Notre-Seigneur Jésus-Christ, l'amant de la miséricorde et de la charité, ne tarda pas à le montrer à ce bienheureux Honoré, en l'appelant de sa boulangerie au siège épiscopal d'Amiens. Il le choisit donc à la manière des apôtres Pierre, André, Jacques le Majeur et Jean l'Évangéliste abandonnant à l'appel du Seigneur leur métier de pêcheurs pour suivre Celui qui leur offrait les récompenses de la vie éternelle, comme le raconte la très-sainte histoire des apôtres. Ainsi, ce saint homme, docile au conseil évangélique, se souvenait des paroles du Seigneur : « Si vous voulez être par« fait, allez, vendez tout ce que vous avez,

« donnez-le aux pauvres et suivez-moi. » Il vivait depuis sa jeunesse de son travail et de sa profession de boulanger, distribuant, dans les temps de famine et d'indigence, non-seulement son pain, mais encore tout ce qu'il possédait, aux pauvres, aux veuves. aux orphelins, aux religieux et aux autres nécessiteux. Aussi, pour lui rendre au centuple ce qu'il avait donné, le Seigneur Jésus-Christ le mit en qualité de pasteur et d'évêque à la tête de la sainte Église, et enfin, dans son amour, lui donna la vie éternelle et le couronna à son entrée dans le Ciel.

Le bienheureux évêque Firmin, après avoir remporté la palme du martyre, eut pour successeur un saint, Honoré de nom aussi bien que de fait. La ville d'Amiens, veuve de son vénérable pasteur et évêque, désirait lui voir un successeur : Childebert, le roi très-chrétien des Francs, mû par l'inspiration divine et docile aux conseils de la sagesse, réunit à Amiens les évêques de la région des Gaules pour traiter cette sainte affaire. Les évêques voisins, délégués du trône royal, prescrivirent à tout le peuple un jeûne de trois jours pour que, par des signes certains, selon le bon plaisir de Dieu et les coutumes canoniales de l'Église d'Amiens, Celui qui avait admis Mathias au sein du collège apostolique, voulût bien la pourvoir d'un prélat, d'un pasteur digne de sa mission.

Réunis en grand nombre, les peuples et les habitants de la ville multiplient les jeûnes, les abstinences, les aumônes, les prières et les processions avec le clergé et les évêques, comme au temps des Rogations. Le second jour du jeûne imposé, comme le pieux Honoré demandait la cause de ces démonstrations, ce saint homme apprend que, depuis la veille, les prélats et le peuple prient en commun et jeûnent pour que Dieu fasse connaître d'une manière évidente à ses serviteurs celui qu'il veut élever à l'honneur si grand de l'épiscopat. A cette nouvelle, le saint personnage se met, comme les autres, à prier avec plus de ferveur et à répandre de plus abondantes aumônes, bien qu'il se fût toujours pieusement livré, ainsi qu'on l'a déjà dit, à ces œuvres de charité et à d'autres semblables, tant qu'il fut revêtu de l'habit laïque. Le troisième jour, une voix céleste et angélique se fait entendre dans l'église d'Amiens : « Vous verrez, dit-elle, un adolescent chargé « d'un fourgon desséché et aride : il s'ap- « pelle Honoré. Mettez-le au nombre des « évêques, c'est l'ordre de Dieu ; placez-le « à la tête de l'Église d'Amiens ; donnez- « lui l'onction épiscopale et la prélature. « Sachez que sa vie est très-agréable au « Seigneur, au Dieu vivant et véritable, et « qu'il l'a choisi pour remplir cette charge « pastorale. Et voici, continue la voix an- « gélique, le signe auquel vous le recon- « naîtrez : une colombe, c'est-à-dire l'Es- « prit-Saint sous la forme d'une colombe, « descendra sur sa tête et s'y reposera. « Vous verrez en outre son fourgon dessé- « ché et aride reverdir, fleurir et porter « des fruits ; car c'est de lui qu'il est écrit : « *Il sera comme le bois planté le long du* « *ruisseau, et donnera son fruit en son* « *temps*. En effet, ajoute l'ange, le Dieu « qui fit fleurir, germer et bourgeonner les « verges d'Aaron et de Jessé, ainsi que le « bâton de saint Joseph, lors du mariage « de la Vierge Marie, comme vous l'avez « lu, ce Seigneur Dieu, dans sa puissance « et son pouvoir, fera toutes ces choses. »

Donc les évêques et les peuples étaient à genoux, humblement prosternés sur le pavé de l'église ; les cloches, mises en branle, sonnaient ; tous priaient et réclamaient avec larmes qu'il leur fût donné de connaître le digne personnage désigné par cette révélation. Le saint homme apparaît tout à coup ; il s'avance à l'entrée de l'église, ignorant ce que Dieu va bientôt faire de lui ; son fourgon dans les mains, il pense que le nouvel évêque a déjà été clairement désigné par la réponse divine. Et voici qu'à la vue de tous, au milieu de l'extase et de la joie générale, la main de Dieu s'étend sur lui. Selon la révélation de l'ange, une colombe venue du Ciel, semblable à une vive lumière, commence à voltiger dans toute l'église, comme cherchant quelqu'un. Enfin, elle aperçoit le Saint, l'Honoré, debout et recueilli à la porte de l'église, tenant inconsciemment son fourgon entre les mains. Le peuple et tout le clergé admirent ce signe ; ils redoublent d'autant leurs prières, afin que Dieu le Père et le Fils envoient l'Esprit-Saint qui, sous la forme d'une colombe, descendit au rivage du Jourdain sur la tête de Jésus, pour le proclamer Fils de Dieu, et qui, au saint jour de la Pentecôte, fortifia les apôtres et leur apprit toutes les langues.

Le prodige sembla se renouveler en ce jour, à cette heure, sur le saint personnage ; car la colombe, plus brillante que le soleil, plus blanche que la neige, devant les évêques et les peuples en prière et frémissant d'une sainte joie, s'arrête immobile sur la tête du saint homme Honoré, bientôt prêtre et évêque du Christ. Le bâton desséché, son fourgon, reverdit : se couvre de fleurs, et les fleurs se changent en fruits. Ce prodige accompli, les saints évêques et les prêtres apprennent par la voix du peuple qu'Honoré est boulanger ou fournier, ce que, du reste, ils avaient vu de leurs yeux, et appris par la révélation divine ; ils le joignent à leur cortège et se l'associent, en proclamant d'une voix unanime : « Il est digne, il est juste ! Que soit « faite la volonté de Dieu qui, à nous ses « indignes serviteurs, a daigné faire con- « naître son élu par le moyen du Saint- « Esprit ! »

Le saint homme, loin de s'enfler d'orgueil, résiste de toutes ses forces ; il allègue son manque de sainteté, de savoir. puisqu'il est laïque, et l'infériorité de sa condition ; ajoutant qu'on lui impose un trop lourd fardeau ; néanmoins, il est élevé aussitôt sur le siège épiscopal par les évêques et intronisé. Alors il devient subitement le maître et le docteur du peuple d'Amiens, le prédicateur, le gardien et le gouverneur de son troupeau. Au grand contentement de Childebert, roi des Francs, à la joie unanime des clercs et laïques, il est ordonné évêque d'Amiens. En même temps qu'il le gratifiait des suprêmes honneurs, Dieu le comblait de grâces spirituelles, au point que, dès qu'il eût reçu la charge pastorale, il devint la règle, le miroir et l'exemple de toute sainteté. Car il était un prélat saint, illustre dans ses prodiges, remarquable dans ses miracles, éloquent dans ses discours, chaste dans son corps, irréprochable dans ses mœurs, sage dans ses conseils, parfait en toute dignité.

A la prudence du serpent, il joignait la simplicité de la colombe, tellement que le roi Childebert, qui lui était tout dévoué, n'ordonnait et ne gouvernait le royaume de France que par ses vertueux avis. C'est encore d'après ses conseils que ce roi subjuguait par son glaive infatigable les nations barbares. De plus, le saint évêque, par une prédication assidue, réconfortait les cœurs de ses peuples, et les invitait à entrer dans les pâturages de l'éternelle abondance ; il apportait une amoureuse ferveur dans l'exercice du culte divin.

Cette ferveur et cet amour, le Seigneur Jésus les voulut glorifier dès la première messe du prélat, à la consécration. Le saint évêque, digne par sa noblesse du nom qu'il portait, Honoré, célébrait cette première messe dans l'église d'Amiens, à l'autel de la bienheureuse Vierge Marie, en présence de tout le clergé et du peuple. Au moment où il allait consacrer le corps du Christ, il eut la faveur de voir la main du Seigneur qui voulut à sa place consommer l'acte mystérieux de la consécration. Rempli de l'Esprit-Saint, l'allégresse au cœur, il reçut au saint autel, de la main divine, le corps très-saint du Seigneur. Depuis, il demeura affranchi de toute révolte de la chair et de l'esprit.

Le pieux évêque Honoré eut de plus le

mérite de trouver les restes précieux des saints martyrs Fuscien, Victoric et Gentien, sur l'indication donnée par un ange au vénérable prêtre Lupicin. Les corps ou les reliques des saints martyrs étaient cachés depuis plus de trois cents ans, quand la bonté divine en accorda la révélation aux vertus et aux fidèles prières du saint évêque et prélat. En effet, le prêtre Amiénois Lupicin fut averti en songe, par un ange, de retirer promptement ces corps du lieu inconnu où ils gisaient. Pressé d'obéir, il se rend au lieu désigné et, dans sa joie de retrouver ces restes précieux, chante à haute voix une antienne que le bienheureux Honoré mérita d'entendre à cinq milles de distance.

Ce miracle connu, le clergé et le peuple s'assemblent au lieu indiqué : sur l'ordre et à l'exemple du saint évêque, on ouvre la terre, et ces trésors, ces corps saints, dont s'exhale un parfum supérieur à tout autre, sont mis à découvert. Les messagers de Childebert, sur un ordre royal, tentent de lui porter le trésor ainsi retrouvé. Mais la puissance divine s'oppose à tous leurs efforts : et telle est sa résistance qu'aucune force humaine ne peut mouvoir ces fardeaux sacrés. A cette nouvelle, le roi confus ordonne d'ensevelir honorablement et de renfermer les martyrs dans l'église même ; de plus, il envoie à l'église d'Amiens une offrande composée de nombreux ornements d'or et de soie ; puis, à l'instigation de saint Honoré, le roi très-chrétien assure d'abondants et honorables moyens d'existence aux prêtres et aux clercs chargés de servir Dieu et de vénérer les bienheureux martyrs en ce lieu.

Après ces miracles et d'autres prodiges répétés, l'illustre Honoré atteignit le terme de sa vie, et s'élança vers la récompense éternelle au milieu des chœurs des anges et de la société de tous les saints, tandis que ses chanoines, ses prêtres et ses clercs se répandaient en larmes et suppliaient le prélat d'intercéder pour eux auprès de Dieu. C'est dans le cours d'une visite diocésaine, en un village du Ponthieu nommé Port, qu'il abandonna le fardeau de sa chair, le confiant en dépôt à la terre, tandis que les anges saints emportaient son âme au milieu des phalanges bienheureuses.

Ainsi admis dans la société des élus, le saint homme Honoré, au moment de son glorieux passage à la vie éternelle, rendit la santé, par ses mérites et ses prières, à tous ceux qui implorèrent son patronage : les paralytiques retrouvèrent l'agilité, les boîteux l'équilibre, les aveugles la lumière, les possédés la délivrance, par la grâce de N.-S. J.-C. qui, avec le Père et le Saint-Esprit, donna la gloire éternelle au très-saint évêque Honoré. Ainsi soit-il.

Il florissait au temps du pape Pélage, l'an 600 de l'Incarnation du Verbe.

De sa translation.

Le lieu dont nous avons parlé, Port, où saint Honoré mourut et trouva d'abord sa sépulture, fut longtemps vénéré, puis, en punition des fautes des habitants, livré aux incendies et aux rapines des barbares. Enfin les ossements et les reliques du bienheureux Confesseur furent tirés de cet endroit, transportés avec pompe dans la ville et l'église d'Amiens, et confiés à son propre siège pour l'honneur de N.-S. J.-C. qui est béni dans les siècles des siècles. Ainsi soit-il.

* L'an 600 de l'Incarnation du Verbe, au temps du pape Pélage, à qui succéda le bienheureux Grégoire, l'empereur des Romains Maurice, prédécesseur du César Phocas, s'assura l'amitié du roi très-chrétien des Francs, Childebert, pour qu'il devînt son auxiliaire dans la défense de l'empire. Aux temps prospères de ces princes, le bienheureux Firmin, confesseur, fut remplacé dans le gouvernement de l'Église d'Amiens par le très-saint Honoré. Tout entier aux œuvres de piété et au culte divin, celui-ci domptait sa chair par les jeûnes et les veilles, et asservissait son corps à son esprit chaque jour plus dégagé de la terre. Scrupuleux observateur des devoirs divins, il offrait à Dieu un agréable sacrifice embrasé de la charité. Le Christ ne tarda pas à lui montrer combien il lui était une hostie agréable.

Un jour que le saint homme offrait à l'autel le sacrifice eucharistique, il eut la fa-

* La vie de saint Honoré publiée par les Bollandistes commence seulement ici. Le texte de notre manuscrit présente certaines variantes.

veur de voir la main du Seigneur qui consacrait lui-même. C'est encore grâce à ses mérites, sans doute, que, de son temps, une révélation divine découvrit aux fidèles les corps précieux des généreux martyrs Fuscien, Victoric et Gentien, cachés depuis plus de trois cents ans. Lupicin, l'un de ses prêtres d'Amiens, fut averti en songe, par un ange, de retirer promptement ces corps du lieu inconnu où ils gisaient. Pressé d'obéir, il se rend au lieu désigné et, dans sa joie de retrouver ces restes précieux, chante à haute voix une antienne que le bienheureux Honoré mérita d'entendre à cinq milles de distance.

Dès que ce miracle est connu, le clergé et le peuple s'assemblent au lieu indiqué. Les messagers de Childebert, sur un ordre royal, tentent de lui porter le trésor découvert. Mais la puissance divine oppose à leurs efforts une telle résistance qu'aucune force humaine ne parvient à mouvoir les fardeaux sacrés. A cette nouvelle, le roi confus fait honorablement ensevelir les martyrs en ce lieu même ; de plus, il fait à l'église d'Amiens une offrande composée de nombreux ornements de soie, et donne le village du Mesge aux clercs chargés d'honorer les martyrs en cet endroit.

Après ces miracles que nous venons de raconter, et d'autres encore, l'illustre évêque atteignit le terme de sa vie, et s'élança vers la récompense éternelle. C'est dans le cours d'une visite diocésaine, en un lieu du Ponthieu nommé Port, qu'il abandonna et déposa le fardeau de sa chair. Ce pays fut longtemps vénéré, puis, en punition des fautes des habitants, livré aux incendies et aux rapines des barbares. Mais on prit soin des saintes reliques : les ossements du bienheureux Confesseur furent apportés, de là, dans l'église d'Amiens, et confiés à son propre siège. Avant et après cette translation, Dieu opéra de nombreuses merveilles par son intermédiaire ; mais, à cause de la négligence et de l'ignorance de ceux qui vivaient alors, elles n'ont pas été confiées à l'écriture. Du reste, après le cours révolu de nombreuses années, Dieu voulut étendre sur toute la terre le culte et la gloire de son Confesseur, et multiplia les prodiges dûs à son intercession. Il est convenable de les faire connaître aux pieux auditeurs.

De la guérison d'un paralytique et d'une pluie abondante, tempérant les ardeurs du soleil.

(*Ici commence la troisième leçon.*)

Vers l'an 1060 de l'Incarnation du Verbe, Philippe régnait en France, et le vénérable Guy était évêque d'Amiens. A cause des péchés des hommes, la grande ardeur du soleil désolait notre province, comme toutes les autres du royaume et, desséchant les arbres sous ses rayons brûlants, faisait craindre qu'ils ne donnassent pas de fruits. Le peuple se tourna en gémissant vers la puissance divine, dans une détresse contre laquelle tout pouvoir humain était inefficace. L'Église d'Amiens résolut de faire transporter le corps de saint Honoré autour des cloîtres de la ville. Tandis que l'on se rassemble à l'église de la bienheureuse Vierge Marie, un paralytique s'y traîne aussi, appuyant ses membres infirmes contre les murs et, à la suite du corps sacré, porté avec pompe en procession, se mêle à la foule. Arrivé à l'église Saint-Martin, bien qu'il rassemblât toutes ses forces, il s'affaisse sous le poids de la fatigue, et ne peut plus suivre les reliques que par la pensée. Mais bientôt, il obtient la réalisation de ses pieuses demandes et, reprenant une course rapide, proclamant à haute voix le prodige qui s'est opéré en lui, il chante avec tous les autres, les louanges du Seigneur. Cependant une pluie abondante, objet principal des vœux du peuple, vient apaiser la soif de la terre, et double la joyeuse gratitude de la foule envers Dieu.

De deux prisonniers.

Le jour même de ce prodige, la renommée en arrive à deux prisonniers. Ils s'adressent alors à saint Honoré et, par lui, demandent à Dieu miséricorde : leurs liens sont rompus, leurs cachots ouverts, et ils se préparent à fuir ; mais une servante de la maison les prévient : elle ferme soigneusement la porte et court à l'église, en toute hâte, avertir son maître qui, rentrant chez lui, non-seulement resserre les chaînes des prisonniers, mais encore les fouette impitoyablement dans sa colère. Néanmoins, pendant qu'il retourne à l'église, les captifs, de nouveau délivrés, cherchent une issue. La servante arrête

2

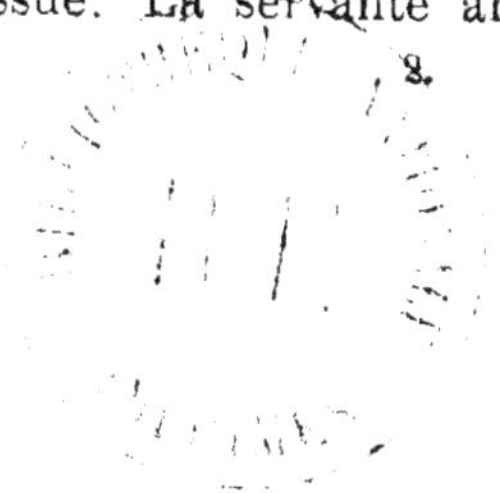

encore leur fuite en fermant les portes. O femme méchante et folle que sa fidélité envers un homme rend infidèle à Dieu ! Elle aime mieux plaire à son maître que d'être utile à ses frères, et son dévouement simulé ne lui laisse pas cacher la fuite des captifs. Elle rappelle son maître de l'église, lui montre ce qui s'est passé et l'excite au crime. Lui, redouble ses mauvais traitements à l'égard des captifs et les enchaîne plus solidement. Tyran furieux et obstiné, pourquoi renouveler ta barbare perfidie ? Va ! Cet éclatant prodige de Dieu, c'est en vain que tu essaies de l'empêcher. Multiplie les liens, consolide les barrières, élève des tours pour enfermer tes prisonniers, tu n'arrêteras pas la puissance divine ! En les chargeant de fers, c'est toi-même que tu enchaînes dans le péché ! Trois ou quatre fois, ce frénétique avait resserré les liens brisés. Ce fait connu, on l'entraîne à l'église, non pour l'obliger à délivrer ses captifs , mais pour lui faire expier son délit.

D'une sourde et muette.

Dans le même temps, une femme sourde et muette, conduite à Amiens par ses parents, obtint, grâce aux mérites de saint Honoré, de voir ses prières exaucées de Dieu. Le père, dans sa joie, voulut que sa fille devînt servante du Saint, et fut soumise aux prélats de l'église. O femme altière! Dédaignant le joug de l'obéissance elle retourne chez elle ; mais cette double faveur que saint Honoré lui avait obtenue, elle la perd aussitôt. O femme trop orgueilleuse ! Elle fuit la servitude que la condition de son sexe ne lui permet pas d'éviter. Elle rejette le joug de saint Honoré pour se soumettre au joug du péché. Elle ignore, la téméraire, que servir de la sorte, c'est régner. Mais toujours Dieu est prompt à pardonner ; il nous invite à la contrition de nos péchés, et vient miséricordieusement en aide à ceux qui se repentent. En effet, cette femme, après avoir recouru à la clémence divine et s'être humblement soumise au joug qu'elle avait rejeté dans son orgueil, recouvre ses sens perdus, pour les conserver toute sa vie.

Paralytique guéri.

Il y avait dans l'Amiénois un prêtre paralytique qui s'attristait de ne plus pouvoir célébrer la messe. Encouragé par les fréquents miracles de saint Honoré, il se dispose à venir près de lui. Une barque le transporte à la ville en suivant le cours du fleuve. Après avoir obtenu par saint Honoré sa guérison , il se dresse sur ses jambes affermies et, tout joyeux, retourne à pied chez lui.

D'un enfant brûlé par l'eau chaude.

Un enfant, plus tard évêque de Térouanne, couvert d'eau chaude par la négligence de sa nourrice, eut la peau toute brûlée : il semblait mort et abandonné de tout secours humain. Alors ses parents, réclamant une guérison céleste, le portent à l'église, devant l'autel où se disait une messe solennelle, avec mémoire de saint Honoré. Avant la fin de l'office, une nouvelle peau couvrait le corps du jeune enfant ; mais il resta quelques cicatrices pour attester le miracle. Plus tard, devenu évêque, il les montrait souvent, dans la pieuse intention d'exciter à louer Dieu et à glorifier saint Honoré.

Aveugle rendu à la lumière.

Une femme, aveugle de naissance, veillait la nuit dans l'église d'Amiens, offrant à saint Honoré ses prières et ses soupirs. Tandis qu'elle se livre à cette salutaire occupation, elle entend une voix humaine qui se dit être celle du Saint. Cette voix l'avertit d'aller s'essuyer les yeux avec les linges de l'autel. Dès que le matin est venu, elle se fait conduire à l'autel, accomplit ce qu'on lui a commandé et, recouvrant aussitôt la lumière, rend hautement grâces à Dieu.

D'un berger démoniaque.

Un berger conduisant son troupeau au pâturage et subitement saisi par le démon veut se jeter dans la Somme ; mais ses compagnons l'arrêtent et le retiennent. Rentré chez lui, il cherche à mordre ceux qui l'approchent : il était fou. Alors ses parents s'emparent de lui, l'enchaînent et l'amènent dans l'église d'Amiens, priant à haute voix saint Honoré en sa faveur ; et lui, grâce aux mérites du bienheureux, se voit délivré du démon, recouvre la raison et rend grâces à Dieu.

D'une femme paralytique.

Le joyeux carillon des cloches porte

la nouvelle de ce miracle à une pauvre femme que ses membres inférieurs, paralysés depuis les reins, refusaient de servir. Elle se fait à l'instant porter à l'église, et là, baise et embrasse la châsse où repose le corps précieux, en invoquant d'une voix lamentable le nom du Saint. Aussitôt, elle obtient miséricorde et, seule, elle s'approche de l'autel, pour se consacrer à saint Honoré.

D'un paralytique.

Un homme souffrait des membres inférieurs, à tel point qu'il ne pouvait marcher sans appui. Transporté, sur ses instances, au lieu où il avait entendu dire qu'une femme venait de recouvrer la vue, il est guéri soudain, monte à l'autel et, plein de joie, se déclare le serviteur de saint Honoré.

Malade repoussant.

Un jour, on vit entrer en ville un homme tellement défiguré par une horrible maladie, que personne ne voulut lui accorder asile. Il alla se coucher aux portes de l'église et, bientôt après, se releva guéri.

Guérisons diverses.

Saint Honoré opéra encore un grand nombre de miracles que nous allons énumérer brièvement, pour ne pas augmenter la fatigue des auditeurs par un trop long discours : un sourd réclame l'intercession de saint Honoré et recouvre l'ouïe ; une femme, dont le pied était tordu, se retire guérie ; une autre, dont le dos était voûté, rentre chez elle redressée ; une jeune fille muette, mais non sourde, reprend avec joie l'usage de la parole ; une femme privée de la lumière d'un œil, éprouve la puissance du Saint ; un forgeron que ses pieds refusaient de servir, vient solliciter une guérison qu'il obtient.

D'un crucifix rendant hommage au Saint.

Mais nous pensons ne pas devoir passer sous silence un miracle tel que jamais on n'en a entendu raconter de semblable chez nous. Un jour solennel qu'on rapportait d'une église voisine, fondée en l'honneur des saints apôtres Pierre et Paul, les reliques à leur place, une statue de cette église, représentant le Christ en croix, s'inclina profondément du côté où l'on portait le Saint. Ce fait est attesté par le témoignage des clercs et du peuple qui l'ont vu, et dont les chants unanimes rendirent grâces à Dieu.

Attachons donc notre dévotion à un si grand intercesseur dont la sainteté est si bien prouvée, et la gloire proclamée non-seulement par les anges et par les hommes, mais encore par des objets insensibles. Cet homme compatissant pour ses ouailles, mortifié dans sa chair, porta la croix avec le Seigneur et devint véritablement son disciple, comme l'affirma l'image du crucifix. Par la sollicitude qu'il apporta dans l'accomplissement de ses fonctions épiscopales sur cette terre, Honoré mérita de voir son nom justifié dans le Ciel. O homme bien digne d'une si grande charge, dont l'esprit ne sait ni s'enfler dans la prospérité, ni s'abattre dans les disgrâces ! Sa renommée n'emprunta rien à l'éclat de sa dignité, mais ses seules vertus l'ont illustré. Non, ce n'est point la dignité, mais la sainteté, non les honneurs, mais les vertus qui l'ont fait Honoré. Il apparaît puissant dans sa doctrine, admirable dans ses prodiges, riche de ses vertus, doué de sagesse, toujours administrateur habile de son Église ; et nous proclamons bienheureuses les ouailles de son temps d'avoir joui d'un tel pasteur. Heureuse l'église d'Amiens de pouvoir conserver les reliques d'un si grand homme que Dieu lui a confiées ! Elle garde avec vigilance un trésor si précieux, elle vénère un tel dépôt qui lui assure, à la cour céleste, un avocat tout puissant, vers lequel montent nos vœux unanimes. Fortifiés par ses mérites, puissions-nous parcourir la route difficile du Ciel où, avec lui, nous contemplerons la gloire éternelle de la majesté divine, par la grâce de Notre-Seigneur Jésus-Christ à qui est honneur et gloire dans les siècles des siècles. Ainsi soit-il.

Sermon sur les miracles du bienheureux Honoré, évêque et confesseur, prononcé par le Frère Richard, évêque d'Amiens, le jour même de son élection, XVII des Calendes de juin, l'an 1205 de l'Incarnation.

La fidélité et l'authenticité des nombreux témoignages qui sont parvenus à nos oreilles, frères bien-aimés, peuvent vous faire apprécier combien est grande la gloire du saint confesseur de Dieu, Honoré, de qui nos pères, en ce jour, nous rappellent les œuvres accomplies de leur temps ou dans les temps antérieurs. C'est donc avec raison que, transportée de joie et d'allégresse, notre mère l'Église loue, bénit et exalte Dieu si glorieux dans ses saints. Puisque l'esprit est *moins frappé des choses qui parlent aux oreilles que de celles qui s'accomplissent sous des regards attentifs*, notre bonheur et notre satisfaction doivent s'accroître en voyant de nouveaux miracles se produire assiduement sous nos yeux, et la divine et miséricordieuse bonté exciter sans cesse notre dévotion, en garantissant les prodiges d'autrefois par ceux d'aujourd'hui, puisque des malades viennent fréquemment invoquer le patronage du bienheureux Confesseur, et en obtiennent leur guérison.

Le nombre des miracles accomplis de notre temps et attestés par une multitude de témoignages est si grand qu'ils ne peuvent tous être compris dans cette courte page. J'en omets donc la plupart. Deux seulement, glorieux prodiges du bienheureux Confesseur accomplis sous nos yeux, nous semblent dignes d'être rapportés, afin que nos contemporains viennent et les voient, non-seulement dans notre récit, mais sous notre doigt. Ainsi leur foi s'augmentera et, pour l'utilité des siècles à venir, une autre génération apprendra à connaître la grandeur et la puissance de Dieu.

Fin du prologue, commencement des miracles.

Sachent donc présents et futurs que naguère un jeune enfant, fils d'une pauvre veuve, né chez nous, élevé par nous, à nous connu dès son enfance, était misérablement atteint d'une paralysie des jambes jusqu'aux genoux. Chaque jour il venait en notre église solliciter de ceux qui entrent une aumône pour l'adoucissement de sa pauvreté. Traînant sur les marches ses jambes et ses pieds, il en avait perdu non-seulement l'usage, mais même la sensibilité ; nous en avons eu la preuve évidente en le voyant au fort de l'hiver, tirer derrière lui sur le pavé ses membres affaiblis, nus et comme morts, sans ressentir en aucune façon les incommodités du froid. Cet enfant, en notre présence, sous nos yeux, par les mérites et l'intercession du saint confesseur Honoré, fut miraculeusement l'objet de la miséricorde divine. C'était le jour de la grande fête du saint Confesseur, jour auquel nous avons coutume de porter processionnellement son corps autour de notre cloître, au milieu de l'affluence du clergé et des fidèles. Nous rentrions à l'église, et déjà le clergé était arrivé au chœur, pour y célébrer la messe solennelle ; la châsse du bienheureux Confesseur, sur une table au milieu de l'église, était confiée à la garde respectueuse des prêtres assistants ; et le peuple, rassemblé pour glorifier Dieu et son serviteur, ne cessait de prier et d'acquitter ses vœux. L'enfant s'approcha de la châsse et fixa ceux qui la gardaient comme s'il attendait d'eux quelque faveur ; c'est alors qu'il sentit au-dedans de lui-même l'action miraculeuse et cachée de la puissance divine, action bientôt manifeste aux yeux de tous. En effet, en présence de sa mère, absorbée dans une ardente prière, l'enfant s'écrie qu'il se sent soulevé, mais sans bien s'en rendre compte, car il ignore encore ce que la puissance divine opère en lui. Sa mère, remplie d'espoir en Dieu, répond : « Confiance, mon fils, lève-toi, saisis la « châsse du Saint ; je crois qu'avec son « secours tu vas être sauvé. » Sur cette injonction, l'enfant se lève, ses pieds et ses jambes ont recouvré leurs forces, et en présence de tous il se met à marcher, complètement guéri.

A cette vue, toute l'assistance commence à chanter les louanges de Dieu le Père ; on sonne les cloches de l'église ; et nous, qui étions au chœur, saisi d'une indicible stupeur à ce bruit, nous nous rassurons bientôt en voyant la merveille, car tandis que, inquiet de l'impétuosité de la foule, nous entendons raconter le fait, cet enfant nous est apporté sain et sauf.

Alors chacun de nous, confirmé dans sa foi par le témoignage de ses yeux, chante un joyeux cantique en l'honneur de Dieu et de son bienheureux Confesseur. Nous bénissons et glorifions le Dieu du Ciel, salut de tous, auteur de toutes choses qui, à son gré, afflige et guérit les cœurs.

Autre miracle.

A cet instant, la divine miséricorde multipliait autour de nous ses faveurs. Dans l'hôpital voisin de notre église, où la piété des fidèles a préparé aux pauvres et aux infirmes un asile et la nourriture dans la disette, s'accomplit un autre miracle. Une femme infirme gisait, le corps privé de forces, au point de ne pouvoir se tenir debout ni s'asseoir. Dieu ne lui avait conservé que l'usage de ses mains ; mais, pour le reste, elle avait recours à l'aide de ses frères. Autant qu'elle le pouvait, elle payait ses bienfaits en filant et en tressant des joncs aux heures auxquelles il lui était possible de travailler, mais toujours couchée, et non assise, ni debout. C'est ainsi qu'elle témoignait sa reconnaissance pour l'hospitalité miséricordieuse et dévouée dont elle était l'objet. Or, le jour de cette fête solennelle, elle avait interrompu son travail manuel et priait attentivement, étendue sur son lit, lorsque les clameurs de l'église et le son des cloches parvinrent à ses oreilles. Elle demande ce qui se passe, et aussitôt, soutenue par la grâce divine qui lui rend ses forces corporelles, elle se lève de son lit de douleur, sans aucun secours humain, s'élance vers l'église et, complètement guérie, embrasse la châsse du bienheureux et réunit dans sa reconnaissance Dieu et ce bienfaiteur, tandis que nous admirons et que nous louons Dieu d'avoir eu pitié de sa misère. Pour elle, comblée des dons des fidèles présents à ce miracle, elle retourne, guérie par la grâce divine et chargée d'aumônes, dans la demeure de son mari qui n'avait pu la secourir dans sa pauvreté et son infirmité.

Rappelez-vous les miracles du Saint, ayez confiance en l'intercession du bienheureux Confesseur, vous surtout, habitants de ce diocèse qui, plus que tous, lui devez l'hommage de votre dévotion ; nous vous y invitons, nous vous en prions instamment au nom du Seigneur et, pour la rémission de vos péchés, nous vous enjoignons de ne pas oublier dans vos prières et vos aumônes la vénérable dame Sibille qui naguère, à Paris, fit élever une belle église en l'honneur de ce saint Confesseur. Ainsi vous mériterez de partager avec elle les faveurs que Dieu lui prépare au temps de la récompense.

Fin de la vie du très-saint Honoré, évêque et confesseur.

VITA
SANCTI HONORATI
EPISCOPI AMBIANENSIS.

Hic incipit vita sancti Honorati, episcopi Ambianensis.

Postquam Gracianus, imperator, Valentiniani imperatoris filius, Ambianis ab ambitu fluminum nomen imposuit, qui Gracianus in eadem urbe sortitus est imperialem dignitatem ; et postquam Romanorum imperator Mauricius, Foce Cesaris predecessor, christianissimum regem Francorum, Childebertum nomine, recepit in graciam, ut ad defensandum imperium fieret Mauricii coadjutor ; quorum felicissimis temporibus, beati Firmini, episcopi et martiris, successor Ambianensium ecclesiam rexit sanctissimus vir, nomine Honoratus. Qui a primevo sue juventutis flore pietatis operibus et arti pistorie, qui vulgo furnariorum dicitur, se mansipavit, ac blandimenta et gloriam seculi despiciens,

3.

divino cultui, jejuniis ac vigiliis, elemosinis insistens, carnem domans, corpus faciebat servire spiritui : se ipsum etenim divinis affigens obsequiis, flamma caritatis placabile Deo sacrificium per elemosinarum largicionem in arte pistorie qua vivebat, proximum nutriendo et allendo, concremabat.

Hanc autem artem ex helemosinarum largicione gratam hostiam Deo fuisse, postmodum Dominus Jesus Christus amator pietatis et caritatis ipsi beatissimo Honorato ostendit, dum eum a predicta arte pistorie ad culmen episcopatus Ambianensis vocavit, et elegit more apostolorum Petri, Andree, Jacobi majoris et Johannis Evangeliste, qui, a Domino rogati, artem piscarie relinquendo secuti sunt eterne vite premia largientem prout ipsorum apostolorum sacratissima narrat hystoria. Sic iste vir sanctus, audiens evangelicum consilium, et sue memorie commendans quod Dominus ait : « Si vis perfec« tus esse, vade et vende omnia que habes « et da pauperibus et sequere me », in sua juventute pistoria manu et arte vivens, temporibus famis et egestatis pauperibus non solum panem, sed eciam cuncta que habere poterat, pauperibus, viduis et orphanis, religiosis et aliis, erogabat. Propter quod Dominus Jhesus centuplum ei reddidit, dum eum presulem et episcopum Sancte Matris Ecclesie prefecit, et, in fine, vitam eternam condonavit eum amando et ad portas paradisi coronando.

Nam postquam beatus Firminus, episcopus, martirii palmam est adeptus, successit ei sanctus nomine et re Honoratus. Orbata namque civitate Ambianensi tam solempni suo antistite et pastore, cum de successore ageretur, Childebertus, christianissimus Francorum rex, motus instinctu divino et sapienti usus consilio, episcopos Gallice regionis ad deliberandum Dei negocium Ambianensis transmisit. Qui episcopi convicini, a regali solio missi, universe plebi triduanum injunxerunt jejunium ut, certis signis, secundum Dei beneplacitum et scita canonum ecclesie Ambianensium, qui Mathiam adnumeravit collegio apostolorum, provideret de presule et ydoneo pastore.

Concione igitur facta, insistunt populi et gentes illius urbis, jejuniis, abstinenciis, helemosinis, oracionibus et processionibus, una cum clero et episcopis, velut Rogationum temporibus. Secunda igitur die injuncti jejunii, percunctanti sancto viro Honorato cur hec supra dicta fierent, audivit idem sanctus vir quod illa erat dies secunda qua episcopi et universi populi letanias celebraverant et jejuniaverant quatinus Deus servis suis innotesceret et manifestaret quem ad honorem episcopatus tanti vellet assumi. Quibus auditis, vir sanctus, una cum aliis devocius oravit per amplius elemosinas erogando, licet hec opera pietatis et hiis similia, quandiu in habitu laycali stetit, caritative ut supradictum est peregit. Tercia autem die, audita est vox celica et angelica in Ambianensi ecclesia dicens : « Quem videbitis virum adolescentem, furnipurgium « siccum et aridum gestantem, Honoratum « nomine, ipsum vobis in episcopum ex « precepto divino adnumeretis, et ecclesie « Ambianensi preferatis, et in episcopum « et presulem consecretis. Quem ipsum « noveritis in diebus suis Domino Deo « vivo et vero quamplurimum placuisse, « et ipsum ad talem pastoralem curam

« elegisse. Et hoc, inquit vox angelica, vo-
« bis signum, nam videbitis columbam,
« id est Spiritum Sanctum in columbe spe-
« cie, in vertice sui capitis descendere et
« insistere. Videbitis insuper furnipur-
« gium siccum et aridum virescere, flo-
« rere postmodum et fructificare; quoniam
« scriptum est de eo *quod erit tan-*
« *quam lignum quod plantatum est secus*
« *decursus aquarum quod fructum suum*
« *dabit in tempore suo.* Ille etenim
« Deus, inquit angelus, qui virgam Aaron
« et Jesse fecit florere et germinare et
« gemmas producere, sicuti eciam legitis
« de virga sancti viri Joseph in Virginis
« Marie desponsacione, ipse Deus et Domi-
« nus sua potestate et virtute hec omnia
« faciet. »

Igitur episcopis et universis populis, ecclesie pavimento inherentibus et humiliter genua flectentibus, nec non et campanis clascitantibus et pulsantibus, cunctisque orantibus et cum fletu clamitantibus, ut persone digne revelate noticiam experirentur, adest subito vir sanctus, pergens ad introitum ecclesie, ignorans quid Deus de eo mox esset facturus, furnipurgium gestans manibus, credens quod jam episcopus illius ecclesie per divinum responsum esset manifestatus et ostensus. Et ecce, cunctis videntibus et pre gaudio mirantibus, facta est manus Domini super eum, ut per Angelum extiterat revelatum, columba, celitus emissa, ut lux immensa refulgens, per totam ecclesiam volitare cepit, more persone investigantis. Denique speculata est sanctum et re Honoratum, janue ecclesie devotissime inherentem, manuque ignoscenter furnipurgium ferentem. Hoc signum populus, una cum toto clero admirans, tanto amplius orabant ut Deus Pater et Filius illum Spiritum Sanctum mitterent, qui per columbam ad manifestandum Dei filium in ripa Jordanis super caput Jhesu descendit, et in die sancto Penthecostes apostolos confortavit et omnium linguas edocuit. Quod eadem die et hora super sanctum virum totum adimpletum comparuit ; columba namque, sole lucidior et nive albior, orantibus episcopis et universis populis, sancto letitie strepitu, super caput seu verticem sancti viri Honorati, mox Christi sacerdotis et episcopi futuri. immobiliter mansit. Lignum vero aridum.

videlicet furnipurgium, virendo floruit. florendo fructificavit. Quibus signis visis. sancti episcopi et sacerdotes ora vulgi audientes dicentia Honoratum pistorem, seu furnarium esse, quod eciam sancti episcopi jam de facto viderant et ex divina revelacione habuerant, cum consortio et eorum collegio sociarunt et adunarunt una voce clamitantes. « Dignus est, justus est ; fiat « voluntas Dei qui nobis indignis suis ser- « vitoribus famulum suum dignatus est per « Spiritum Sanctum revelare. »

Qui vir sanctus non in superbia levatus, quinymmo quamplurimum renitens, et se excusans de sanctitate, de sciencia cum esset laycus, et de moribus, adjungens quod gravissimum sibi imponebatur honus, in pontificali cathedra est statim per episcopos sublimatus et intronizatus. Quibus peractis, efficitur subito sue plebis Ambianensis magister et doctor, predicator et sui ovilis custos et rector. Ambianisis igitur plebibus, cum gaudio magno regis Francorum Childeberti, et leticia omnium tam cleri quam populi, est episcopus ordinatus. Quem Deus suppremis honoribus muneravit et omnium spiritualium carismatum adimplevit, adeo ut post susceptam pastoralem curam, tocius sanctitatis efficeretur norma, speculum et exemplum. Erat enim presul sanctus, in prodigiis clarissimus et in miraculis eximius, sua lingua facundus, corpore pudicus, moribus ornatus, in consilio providus, omnique dignitate perfectus.

Erat autem astutus ut serpens, simplex ut columba, adeo ut totum regnum Francie Childebertus rex ejus quamplurimum devotus, sancto suo consilio gubernaret et ordinaret. Ejus eciam consultu rex eciam predictus barbaras naciones fervido gladio subjugabat. Idem eciam presul sanctus sancte predicacionis pabulo corda populorum assidue refficiebat et ad eterne reffectionis pascua invitabat ; qui divini cultus officio maximo amore exarsit.

Hunc autem ardorem pariter et amorem Dominus Jhesus innotescere voluit, et hoc in sue prime misse consecratione. Nam cum sanctus presul, nomine et nobilitate Honoratus, suam primam missam in ecclesia Ambianensi celebraret coram toto clero et populo in altari Beatissime Virginis Marie, dum Corpus Christi consecrare vellet, palmam Domini meruit conspicere consecrantis quia vice sua consecracionis mysterium perfficere desiderabat. Qui, Spiritu Sancto repletus, alacri corde, de mensa, manu Salvatoris, sacrosanctum Domini Corpus cum devotissima mentis veneracione sumens, ab omni inquinamento carnis et spiritus post modum mansit illesus.

Idem eciam donum tante dignitatis accepit ut pignora sanctorum Fusciani atque Victorici et Genciani, martirum, angelo nunciante, venerabili Lupiscino, presbitero, presul sanctissimus Honoratus inveniret ; quorum sanctorum martirum corpora seu pignora, plusquam trecentis annis occulta, fidelibus istius sancti presulis et episcopi meritis et precibus, divina clemencia revelavit et patefecit. Lupiscinus enim. presbiter Ambianensis, in sompnis amonitus est ab angelo ut illa corpora a loco abditto eruere festinaret. Pergens igitur ad locum et mandatis satagens obedire, tantis pignoribus alta voce gaudium protestante, modulatus est antiphonam quam a quinto miliario urbis audire meruit beatissimus Honoratus. Patefacto igitur miraculo, cum ad locum clerus et populus convenissent, annuente et terram aperiente sancto episcopo, thesauros, hoc est sanctorum supradictorum corpora, super omnem odorem redolenscia, invenerunt. Verum cum Childeberti regis nuncii, de mandato regis, inventos thesauros ad regem intenderent apportare, obstitit eorum conatibus divina potencia. Ita namque eis restitit potencia divina ut sacras glebas nullatenus movere valuerit vis humana. Quo audito, rex compunctus in ecclesia ibidem martires fecit honorabiliter recondi et sepeliri, nec non et ornamenta quamplurima, tam de auro quam de cirico, Ambianensi ecclesie humiliter transmisit et condonavit ; victum eciam multum honorificum sacerdotibus et clericis Deo ibidem servientibus et beatos martires honorantibus, rex christianissimus, intuitu sanctissimi Honorati assignavit.

Hiis igitur et aliis quamplurimis signis et miraculis preclarissimus antistes Honoratus, consummato vite sue sanctissimo cursu, tendens ad eternitatis bravium, inter choros angelorum et societatem omnium sanctorum, cunctis suis canonicis, sacerdotibus et clericis, cum quamplurimum lamentantibus, et ut pro eis ad Deum oraret presul sanctissimus postulantibus, dum suam visitaret dyocesim in pago Pontinensi, que dicitur Portus, depositam carnis sarcinam, terre commendans quod suum est, animam vero ejus angeli sancti sanctorum agminibus deportaverunt.

Constitutus igitur vir sanctus Honoratus in sanctorum collegio, in suo transitu gloriosissimo, ejus meritis et precibus redditi sunt omnes et singuli infirmi sanitati, ejus patrocinio implorantes. Nam qui paralitici erant redditi sunt sanitati; qui claudi, redditi sunt rectitudini; qui ceci erant redditi sunt luci; qui obseci erant a demonio, redditi sunt libertati et omnimodo sanitati, prestante Domino nostro Jhesu Christo qui, cum Patri et Spiritu Sancto, gloriam sempiternam contulit sanctissimo presuli Honorato. Amen.

Floruit autem ipse, tempore Pellagii, pape, anno Incarnati Verbi sexcentesimo.

De ejus translacione.

Predictus autem locus, videlicet Portus,

in quo obiit et primo sepultus fuit vir sanctus Honoratus, diu in honore habitus est. Demum, exigentibus habitancium culpis, barbarorum incendiis expositus est et rapinis. Tandem autem sacre reliquie et ossa beati confessoris inde ablata sunt, et (in) Ambianensem civitatem et ecclesiam honorifice sunt translata, et sedi proprie commendata ad honorem Dei nostri Jhesu Christi qui est benedictus in secula seculorum. Amen.

* Anno Incarnati Verbi sexcentesimo, tempore Pelagii, pape, qui beatissimum Gregorium habuit in successorem, Romanorum imperator Mauricius, Foce Cesaris predecessor, christianissimum regem Francorum Childebertum recepit in graciam, ut ad deffensandum imperium fieret Mauricii coadjutor ; quorum, felicissimis temporibus beati Firmini confessoris, successor Ambianensem ecclesiam regebat sanctissimus Honoratus. Qui cum se totum pietatis operibus et divino cultui manci-

* La vie de saint Honoré publiée par les Bollandistes commence seulement ici. Le texte de notre manuscrit présente certaines variantes.

passet, jejuniis ac vigiliis carnem domans, corpus faciebat servire spiritui promptiori; se ipsum enim divinis affligens obsequiis, flamma caritatis placabile Deo sacrificium concremabat. Hanc autem sibi gratiam fuisse hostiam postmodum Christus ostendit.

Quadam autem die, cum vir Dei tractaret in altare Dominici corporis sacramentum, videre meruit palmam Domini consecrantis. Illud eciam gloriosis ejus meritis haud dubium est accrevisse, quod ejus temporibus preciosa bonorum martirum Fusciani, Victorici atque Genciani corpora, plusquam trecentis annis occulta, fidelibus divina revelacione patefecit. Lupicinus ejus presbiter Ambianensis, in sompnis commonitus ab angelo ut illa corpora a loco abditto eruere festinaret, pergens ad locum et mandatis satagens obedire, tantis pignoribus alta voce gaudium protestans, modulatus est antiphonam quam a quinto miliario urbis meruit audire beatissimus Honoratus.

Patefacto igitur miraculo, cum ad locum clerus et populus convenissent, Childeberti nuncii cum de mandato regio inventos thesauros ad regem intenderent aportare, obstitit eorum conatibus divina potencia, ita ut sacras glebas nullatenus movere valuerit vis humana. Quo audito, rex compunctus ibidem martires fecit honorabiliter sepeliri, nec non et ornamenta serica multa Ambianensi ecclesie contulit, et vicum Megium, clericis ibidem beatos martires honorantibus, assignavit.

His dictis et aliis insignibus clarus antistes, consummato vite cursu, tendens ad eternitatis bravium, dum suam visitaret parrochiam pago Pontinensi, qui dicitur Portus, depositam carnis sarcinam commendavit. Qui locus diu in honore habitus, demum exigentibus inhabitancium culpis, barbarorum incendiis inexpositus est et rapinis ; cautum est autem sacris reliquiis, nam ossa beati confessoris ad Ambianensem ecclesiam inde allata sunt et sedi proprie commendata. Multa autem, ante transitum ejus et post, admiranda per ipsum operatus est Deus que per inerciam et simplicitatem tunc degentium non litterarum sunt apicibus annotata. Ceterum evolutis multis annorum curriculis, ut laudem et gloriam confessoris sui Dominus dilataret in terris, nova ejus meritis increbuere miracula, que devotis auditoribus pium est aperire.

De paralitico sanato et solis ardore nimborum copia mitigato.

Tunc lectio tercia.

Anno itaque Incarnati Verbi circiter millesimo sexagesimo, Philippo Francorum regimen procurante, et venerabili Guidone Ambianensium antistite, exigentibus hominum culpis, nostram et alias regni provincias non modicus solis fervor invasit, arbores cum satis flamma depopulans spem fructuum compulit defraudare. Suspiravit igitur plebs ad divinum desolata suffragium, ubi desistebat humanum. Destinavit ecclesia Ambianensis corpus beati Honorati circa urbis claustra deferri. Sed dum ad ecclesiam Beate Marie Virginis populus convenisset, paraliticus quidam illuc usque se traxit infirma podiis membra sustentans; et dum corpus sacrum honorifice deferebatur, per euntem turbam paraliticus utrumque secutus est. Sed cum ad ecclesiam Beati Martini se totis enexisset viribus, ibi se fessum destituit et sanctas reliquias sola mente consequitur, unde quod obsecraverat digne meruit in cursu concito sequitur ; cui quod in se factum est predicans cum reliquis omnibus laudem Domino clamitavit. Sed quod precipua votorum causa extiterat, nimborum copia terre sitim compescuit, (unde) geminata leticia populus exultavit in Domino.

De duobus carcere clusis.

Eodem die novi hujus fama sollempnis duos carcere mancipatos quid factum esset instruxit. Illi autem beatum Honoratum inclamant, per ipsum a Domino postulantes misericordiam ; soluta sunt vincula, rupta sunt claustra : sed parantes effugere, ab ancilla domus preventi sunt, que firmans ostium et ad ecclesiam festinans (factum) domino suo nunciavit, qui domum reversus, solutos non tantum vinculis astrinxit, sed ira permotus flagris afflixit. Eo tamen ad ecclesiam repedante, soluti iterum egressum querebant, fugam eorum obseratis foribus impedivit (ancilla). O mulierem nequam et fatuam, que sic homini fidelem se finxit, ut Deo se faceret infidelem ! Placere magis voluit quam prodesse, fidem domino simulare noverat, fugam captorum dissimulare non novit, sed dominum suum de ecclesia ad scelus revocans, factum ostendit ; qui penas acriores captis infligens vinculis forcioribus alligavit. Tyranne vecors et pervicax, quid amplius gentilis perfidia perpetrasset ? Eu ! manifestum Dei miraculum frustra impedire conaris ! Si vincula multiplices , si compingas repagula, si turres circa ipsos edifices, nichil potenciam retardabis divinam : illos vinculis alligas, te peccatis. Solutos jam tercio quarto ligaverat cerebrosus, quo patefacto ecclesie compulsus est, non tamen ut vinctos dimitteret, sed ut ecclesie satisfaceret pro delicto.

De surda et muta.

Eodem tempore mulier surda et muta, a parentibus ad Ambianensem civitatem delata , beati Honorati meritis a Domino quod efflagitabat accepit. Decrevit autem pater exultans ut filia sua sancti Honorati fieret ancilla, prelatorum ipsius ecclesie jugo submissa. O mulier superba ! jugum servitutis indignans, et reversa ad propria, gemine donum gracie, quod per beatum Honoratum adepta fuerat, quam tocius amisit. O nimis superbam mulierem que servitutem effugit, quam sexus sui condicio nequibat effugere ! Effugit jugum beati Honorati, sed se subjicit jugo peccati. Nescit temeraria quod sic servire regnare est ; sed semper propiciari promptus est Deus, qui et nos de peccatis compellit conteri, et misericorditer contrictis occurrit. Nam prefata mulier, ad Dei reversa clemenciam, jugo unde se superbia prius excusserat humiliter se subjecit, et amissos sensus recuperans quamdiu vixit obtinuit.

Sanatus contractus.

In territorio Ambianensi sacerdos contractus missarum sollempnia se non posse exequi tristabatur, sed crebris sancti Honorati compulsus est miraculis ut illuc se transferre disponeret. Per alveum igitur amnis in navicula usque ad urbem delatus, per beatum Honoratum est adeptus sanitatem, basesque consolidatas terrenis affligens, repedavit letus ad propria.

De quodam parvo calida aqua combusto.

Puer, postea Tervanencium factus episcopus, dum negligencia nutricis aqua calida superfusus, pelle combusta, pateret exanimis, spe terreni consilii destitutus est; sed a parentibus celestem implorantibus medicinam in quadam ecclesia ante altare situs, missam in qua facta est beati Honorati memoria sollempnis audivit. Cui nundum celebracione finita, cutis nova corpus operuit; mansere tamen quedam cicatricum vestigia que fidem miraculo conservarent. Et vero postea factus episcopus, pia intencione sepius ostendebat ut ad Dei laudem et beati Honorati honorem invitaret.

Ceca illuminata.

Mulier quedam, a nativitate ceca, in Ambianensi ecclesia nocturnam agens vigiliam, beato Honorato preces et vota fundebat, et dum faustum exequeretur obsequium audivit vocem hominis se beatum Honoratum esse dicentem. Monebat autem mulierem ut oculos altaris panno detergeret. Mane autem facto ad altare se duci precipiens, quod persuasum illi fuerat adimplevit, et confestim visu recepto, magnifice Domino grates exibuit.

De pastore demoniaco.

Pastor quidam, pecudes agens per pascua, correptus a demonio se in fluvium Somone precipitare tendebat, sed a pastoribus prohibitus est et detentus. Qui domum reversus, quia morsu obvios impetens, compertus est insanire. Quem parentes ejus vinculis correptum in Ambianensem ducentes ecclesiam, pro ipso beati nomen Honorati inclamant, per cujus merita solutus a demonio, gracias Deo resipiscens exibuit.

De muliere contracta.

Campanarum classicum in prefati miraculi gaudio factum audivit quedam paupercula que e renibus infra membrorum officio destituta, in ecclesiam se ferri precepit. Que preciosi corporis thecam deosculans et complectens, sanctum miseranda voce nomen inclamavit. Que misericordiam consecuta, ad altare proprio nisu se ferens, beati Honorati se fecit ancillam.

De quodam contracto.

Tantus dolor in inferioribus membris quemdam invaserat ut, cum se proprio nisu ferre nequiret, se ferri jussit in locum ubi quamdam mulierem visum recepisse notaverat : idem se sanum ad altare dixerit et servum beati Honorati se letus efficit.

Horrendo morbo afflictus.

Intravit urbem quidam tam horrendi morbi genere deformis, ut qui locum hospicii sibi concederet nusquam invenit, sed pro foribus ecclesie sibi lectulum sternens, inde se paulo post sanus erexit.

De diversis curatis.

Multa preterea sunt per beatum Honoratum apud nos miracula perpetrata, quorum quedam brevi stilo recensenda esse decrevimus, ne sermo prolixior infirmos aggravet auditores. Surdus quidam, beati Honorati deposcens clemenciam recepit auditum. Mulier, distorto pede, retro recessit, et altera dorsum incurva est reversa recta. Puella muta, licet non surda, sermonis usum se recepisse gavisa est. Mulier quedam, unius oculi luce privata, experta est sancti clementiam. Faber quidam, officio pedum privatus, accesserat, cui optatum successit suffragium.

De ymagine Christi que viro beato honorem exibuit.

Sed pretereumdum (non) esse censemus illud insigne miraculum, cui simile nundum apud nos est auditum. Nam dum ab ecclesia vicina in honorem apostolorum Petri et Pauli fundata, in sedem propriam quodam die solempni reſferretur, prefate ecclesie ymago, Christum Jhesum exprimens crucifixum, se toto corpore inclinavit in partem qua corpus sanctissimum ferebatur. Hoc autem multorum tam cleri quam populi attestatus est aspectus, qui una voce elevati, (ad) Dominum gracias contulerunt.

Ad tantum igitur intercessorem dirigatur nostra devocio, cujus sanctitatis extitit tanta probacio, cujus honor non solum ab homine vel angelo predicatur, sed ab insensibili comprobatur. Hic compaciens ovibus et carnem affligens, crucem cum Domino sustulit, ut ejus verus esset discipulus, quod crucifixi species comprobavit. Pontificalis honorem cathedre sic moderatus est Honoratus in terris, ut rem sui nominis consequeretur in celis. O virum tali dignum officio cujus mentem nec prospera facere sublimem, nec adversa depressam! Ejus fama non mendicavit dignitatis suffragium, cum propriis virtutibus percelebris extitisset. Non enim ipsum dignitas sed sanctitas, non honor sed virtus, Honoratum fecerunt. Extitit doctrina prepotens, signis mirabilis, virtutibus pollens, sapientia preditus, res ecclesie sibi commisse feliciter administrans, et beatas sui temporis censemus oviculas que tantum gavise sunt habere pastorem. Beatam dicimus Ambianensem ecclesiam que tanti viri custodit reliquias sibi, Domino prestante, missas. Tantum igitur vigilantissime thesaurum custodit, tantum veneratur dispositum, per quod in celi curia potentissimum adepta est advocatum, ad quem unanimiter vota tendamus, ut meritis ejus evecti stratam celi arduam peragamus, ut cum eo divine magestatis gloriam contemplemur eternam, prestante Domino nostro Jhesu Christo, cui est honor et gloria in secula seculorum. Amen.

Sermo Richardi, Ambianensis episcopi, de miraculis beati Honorati, episcopi et confessoris, tempore electionis ejusdem Richardi, fratris, XVII° *kalendas junii, anno Domini Incarnati millesimo CC° V°.*

Multis autenticis ac fidelibus testimoniis que in nostris auribus recitata sunt, fratres karissimi, manifeste perpendere potestis quantus (gloriosus) sit iste confessor Domini beatus Honoratus, cujus hodie patres nostri annunciaverunt nobis opera que operatus est in diebus eorum et in diebus antiquis. Ob hoc igitur merito tripudians et exultans mater Ecclesia, laudat quoque, benedicit et glorificat Dominum qui in sanctis suis gloriosus est. Ad augmentum eciam jocunditatis et leticie hoc precipue accressit quod cum « *segnius irritent* « *animos demissa per aurem quam que* « *sunt subjecta oculis fidelibus* », et novis assidue miraculis que sub oculis nostris fiunt, pius et misericors Dominus devocionem nostram excitare non cessat, ut de preteritis fidem faciant presentia, dum ad patrocinium beatissimi confessoris frequenter veniunt et sanantur egri.

Cum multa igitur sint nostris temporibus miracula de quibus multa nobis suppetunt testimonia, non possunt ad plenum nostra brevi pagina comprehendi : unde et multa pretermittentes duo quedam gloriosa beati confessoris miracula que nuper nobis presentibus et cernentibus facta sunt, scribere dignum duximus, ut presentes veniant et videant, non autem scripto tantum, sed eciam digito monstrante in fide roborati, et ad utilitatem sequencium cognoscat generacio altera quod vere magnus est Dominus et magna virtus ejus.

Explicit prologus, incipiunt miracula.

Noverint igitur presentes et futuri, quod nuper quidam puer, cujusdam pauperis mulieris vidue filius, apud nos natus pariter et nutritus, et notus ab infantia, a genibus infra paralisi miserabiliter dissolutus, cum cotidie ad ecclesiam nostram ad solacium paupertatis sue elemosinam rogaturus ab introeuntibus veniret, ut scabellulis serpens tibiarum simulque pedum, non tantum usum sed eciam sensum penitus perdidisset, et hoc quidam certo didissemus experimento, quod cum in summa hyeme per pavimentum ecclesie predicte membra dissoluta et nuda tanquam mortua post se traheret, nullam frigoris sentiret molestiam, et ipsis nobis presentibus et videntibus, meritis et intercessionibus beatissimi confessoris Honorati, divina affuit mirabiliter misericordia. In die etenim magne festivitatis predicti confessoris, qua nos, cum multa cleri pariter et populi frequencia, corpus sanctissimi confessoris circa claustrum nostrum deferre consuevimus, redeuntibus nobis ad ecclesiam, cum jam clerus in choro se recepisset missarum celebraturus sollempnia, et theca beatissimi confessoris in medio ecclesie super tabula posita, sacerdotum assistencium devotis servaretur obsequis, et plebs ibidem in honore Domini et dicti confessoris collecta, oraciones suas diucius funderet et vota solveret repromissa, predictus puer, ad thecam predicti confessoris accedens et intuens in eos qui eam observabant, tanquam (aliquid) accepturus ab eis, sensit intra se divine virtutis occultum miraculum, quod foris (omnibus) manifestum est in opere. Presente enim matre sua et oracionibus insistente, clamare cepit puer quod videbatur ei se sursum trahi, sed parum intelligens, nundum cognoscebat quod sibi virtus divina preparasset. Cui mater in Domino confortata respondit : « Con- « fide, fili, surge, aprehende thecam beati « confessoris, credo enim quod ipso opitu- « lante salvaberis. » Ad que verba (surrexit) puer, et pedum ac tibiarum recuperata virtute, in conspectu omnium ambulare cepit incolumis.

Quod videntes universi qui aderant in laudem Dei Patris clamantes, et ecclesie pulsantes classicum, nos qui in choro eramus prius stupore suspenderunt orribili. et post visu mirabilia refecerunt. Cum enim nos, clamoribus excitati populorum, quid accidisset quereremus et turbis irruentibus audiremus quod factum fuerat, vix fidem nobis adhibentibus, predictus puer nobis allatus est sanus et incolumis. Unde nos pariter omnes et singuli oculorum testimonio fide roborata, in laudem Dei et beati confessoris ora solventes letabunda, benedicimus et glorificamus Deum celi qui est salus omnium, et disposuit omnia, et sanat contrictos corde ad nutum voluntatis sue, et alligat contrictione.

Aliud miruculum.

Continuo autem divina misericordia circa nos suam multiplicante graciam, in ospitali vicino ecclesie nostre quod fidelium devocio ibidem preparavit, ut pauperes et debiles infirmos recipiat, alat eos in fame, contingit aliud miraculum. Nam mulier quedam in infirmitate jacens, cum ita viribus corporis esset destituta quod nec stare, nec sedere posset, solo usu manuum sibi a Domino reservato, a fratribus ministerio sustentabatur ; quantum poterat beneficii rependebat vicissitudinem, colum enim et fusum tenens horis quibus operari licebat, quod stans nec sedens facere poterat, jacens operabatur, debitum hospitali pia devocione rependens obsequium. Hec igitur in die predicte solempnitatis, cum cessante manuum officio in lecto infirmitatis sue precibus jaceret intenta, audivit ecclesiam tumultuantem et classicum ; et cum quesisset quod factum fuerat, in Domino confortata viribus corporis sibi restitutis a Domino, sine humano auxilio a lecto surgens egretudinis, cucurrit ad ecclesiam, et thecam beatissimi confessoris tenens incolumis, Deo pariter et ipsi reddens gracias, nobis videntibus et collaudantibus Dominum ad solacium paupertatis sue, fidelium assistencium receptis beneficis, ad hospicium viri sui qui pro paupertate et infirmitate sua prius ei providere non poterat. Dei liberata virtute et elemosinis fulcita, remeavit.

Hec igitur sanctissimi recolentes miracula, beatissimi confessoris vos comandantes precibus, vos, inquam, precipue qui in ejus dyocesi commorantes pre ceteris omnibus devotum ei debetis obsequium, monemus et obsecramus in Domino, et in remissionem peccatorum vestrorum vobis injungimus, ut venerabilis matrone Sibille, que in civitate Parisiensi nuper in honore predicti oonfessoris Honorati honorabilem construxit ecclesiam, in oracionibus et elemosinis vestris memoriam habeatis, ut cum ipsa mercedem recipiatis a Domino in tempore retribucionis.

Explicit vita sanctissimi Honorati, episcopi et confessoris.

TABLE

Permis d'imprimer, Amiens, le 5 Juillet 1879.

FALLIÈRES

Vicaire Capitulaire.

FIN.

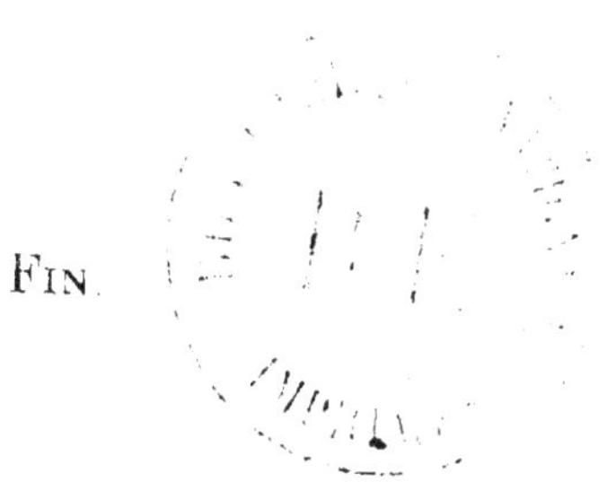

www.ingramcontent.com/pod-product-compliance
Ingram Content Group UK Ltd.
Pitfield, Milton Keynes, MK11 3LW, UK
UKHW021600260726
13993UKWH00002B/959

9 782329 491257